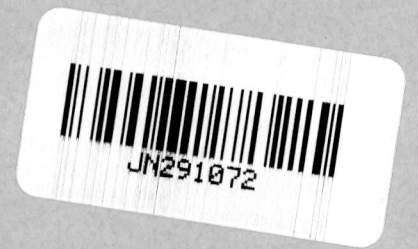

ごはん屋さんの
野菜いっぱい
和《なご》みレシピ

米原陽子

写真　永野佳世

コモンズ

はじめに

私が小さなごはん屋さん「木もれび」を始めたのは、8年前の1999年。3人の子どもたちが巣立ち、これからの人生をどう生きていこうか考えたのがきっかけでした。

ほとんど専業主婦として過ごしてきた私には資格もなく、誇れるものもありません。でも、自分の足で立って歩いてみたい。そんな思いがわき起こり、「まずはスペース確保から」と、何を始めるのか決めもしないまま、無謀にもJR京浜東北線大井町駅のすぐ近く(東京都品川区)の店舗を仮契約してしまいました。こぢんまりとしているけれど、立地のよいそのスペースを見て、「ごはん屋さんをやろう」と思いついたのです。

子育て中はじっくり考える暇もないなか、「美味しく・安く・簡単に」できる食事を毎日作ってきました。おかずは、和食が中心。子どもも夫も、美味しいと残さず食べてくれたのが、少しの自信となりました。

「私ができるのは、ごはん屋しかない。女性一人でもほっとできる場所、美味しいごはんを提供できる場所をつくりたい」

そして、「細々とした光でも長く続けたい」という思いから「木もれび」と名づけ、２人の友の協力を得てスタートしたのです。野菜がメインですが、少しの豆腐や肉・魚と合わせて、男性でもお腹いっぱいになるほどボリューム満点。メニューは日替わりで、お盆に７種類が載った定食だけです。どんなお客様も、野菜を残すことなく食べてくださいます。

家庭の毎日のおかずは、「美味しく・安く・簡単に」できて、野菜がたくさん摂れて、ボリュームもあるものが一番‼　手前味噌ながら、この本にはそんなレシピがたくさん詰まっています。特別なことはしていません。ちょっとしたコツだけで、「こんなに簡単なの?」とびっくりするぐらい、誰でもお料理できます。自然の素材を活かした体にやさしいおかずを、ぜひお試しください。

最後に、本書出版のきっかけをつくってくださったオアシスハウスの根本一惠さん、本書を企画し、執筆のお手伝いもしてくださった高石洋子さん、素敵な写真を撮影してくださった永野佳世さん、デザイン担当の日高眞澄さん、編集担当のコモンズの大江正章さん・大江孝子さんにお礼申し上げます。

2007年5月

木もれび　米原陽子

CONTENTS ごはん屋さんの野菜いっぱい和みレシピ

Ⅲ ワン・プレートで満足のごはん物　63

Ⅳ プラス一品のやさしいおかず　77

デザイン●日高眞澄

おかず作りの前に

★調理器具について

本書のレシピは、鍋、フライパンがあればできるものがほとんどです。

鍋は、新しく買うなら水分の蒸発が少ない何層かのつくりになった厚手の鍋をおすすめします。少しの水で煮物ができますから、少ない調味料でもしっかりと味を出すことができます。軽くて薄い鍋を使って調理する場合は、本書のレシピどおりだと水分が足りない場合もありますので、様子を見ながら作ってみてください。

フライパンは、普通の浅いものと、中華鍋っぽい底が深いタイプもそろえると、ちょっとした汁物料理もできて便利です。

蒸し器もあるといいですね。蒸し物は面倒に思われていますが、じつは茶碗蒸しなど材料を容器に入れて蒸すだけでできあがり、と意外と簡単。栄養も損なわれにくいので、もっと活用してほしい調理器具です。

ボウルもいくつかの大きさのものをそろえておくと、種やサラダを混ぜたり合わせたりするのに使えて便利です。

トングは麺類を取り分けたり、おかずを盛り付けるのに役立ちます。ケーキサーバーも形を崩さずにきれいに盛り付けられるので、あると便利でしょう。

本書は、野菜中心のレシピが多いのですが、基本の切り方については巻末を参照してください。

I

野菜と豆腐のヘルシーおかず

野菜と豆腐のうま煮

1人分
124kcal

〈材料 4人分〉

玉ネギ…中１個
人参…中1/2本
白菜…２枚
ゆでタケノコ…5cm
ピーマン…中２個
木綿豆腐…1/2丁
油揚げ…２枚
さつま揚げ…２枚
塩・コショウ…各少々
植物油…大さじ２

A（合わせておく）
　鶏ガラスープの素…小さじ１
　醤油…大さじ２
　みりん…大さじ１

片栗粉…大さじ１
水…大さじ３
青味（小ネギ、水菜、インゲンなど何でもよい）…少々

recipe

❶材料を切る。玉ネギは厚さ1cmのくし形、人参は厚さ2mmの薄切り、白菜とタケノコはざく切り、ピーマンは縦半分に切ってへたと種を取り、それぞれ４つ切り、豆腐は水切りし８等分、油揚げとさつま揚げは８等分に切っておく。

❷フライパンに植物油を中火で熱し、❶を順に入れて炒める。

❸材料に火が通ったら、塩・コショウをふり、合わせておいたＡを入れてさらに炒めて味をなじませ、最後に水溶き片栗粉を回し入れる。

❹大きな器に盛り付け、上から青味をのせる。

♪美味しいポイント♪
火の通りにくい野菜から順番に炒めてください。野菜から水分が出ますので、様子を見ながら片栗粉の水を調整してください。

野菜のせ豆腐肉巻き

1人分
210kcal

〈材料４人分（16個分）〉

木綿豆腐…２丁
豚肉（薄切り）…100g
モヤシ…１袋
人参…中 1/2 本（せん切り）
片栗粉…適宜
植物油…大さじ２
青味…少々

A（合わせておく）
　醤油…大さじ１
　みりん…大さじ 1/2
　酒…大さじ１
　ショウガしぼり汁…大さじ１
　水…大さじ２

recipe

❶木綿豆腐２丁は水切りして、それぞれ８等分し、片栗粉を軽く両面につけて、豚肉を巻く。

❷フライパンに植物油大さじ 1.5 を中火で熱し、❶を両面焦げ目がつくまで焼き、Aの半量を入れてからめ、なじんだら器に盛り付ける。

❸❷と同じフライパンに残りの油を足し、モヤシ、人参を入れて炒め、Aの半量を入れて味をととのえる。

❹❷の上に❸をたっぷりとのせ、さらに青味をちらす。

♪美味しいポイント♪

◆豆腐の水切りは、網やざるなどにのせ、水が落ちるようにした状態でそのままおいておくのが一番簡単で確実な方法です（P22 写真参照）。最低、調理開始の１時間くらい前にセッティングしておきましょう。急ぐときはレンジで、とよく言われますが、あまり水が切れません。

◆豆腐に巻き付けた薄切りの豚肉は、案外取れにくいものです。巻き合わせ部分を下にしてフライパンに並べれば大丈夫です。

◆ボリュームが欲しい場合は、豆腐を６等分にしてすこし厚めにしてください。

野菜と卵の炒め物

1人分
240kcal

〈材料４人分〉

キャベツ…2 枚
人参…中 1/2 本
玉ネギ…中 1 個
ピーマン…中 2 個
ハム…2 枚
木綿豆腐…1 丁
卵…4 個（塩少々を加え割りほぐしておく）
鶏ガラスープの素…小さじ 2
塩…小さじ 1
コショウ…小さじ 1/2
植物油…大さじ 2
青味…少々

recipe

❶キャベツは 4cm 四方、人参は薄切り、玉ネギは厚さ 1cm のくし形、ピーマンはへたと種を取り縦 8 等分、ハムも 8 等分、木綿豆腐は水切りし 8 つに切る。

❷フライパンに植物油を中火で熱し、❶を火の通りにくいものから順に入れて炒め、火が通ったら鶏ガラスープの素、塩・コショウを入れさらに炒める。

❸割りほぐしておいた卵を❷に回し入れ混ぜ合わせる。

❹大きな器に盛り、青味をのせる。

♪美味しいポイント♪

◆ピーマンなどクセのある野菜も、卵を入れることによってマイルドに。

◆苦手な野菜は小さく・細かく切ると、食べやすくなります。とくに、子どもやお年寄りのいる家庭ではひと手間かけてあげてください。

ナスのはさみ揚げ

〈材料４人分（12個分）〉
ナス…中３本
片栗粉…適宜
キャベツ…４枚（せん切り）
人参…少々（せん切り）

A
豚ひき肉…150g
長ネギ…1/4本（みじん切り）
ごま油…小さじ１
塩…小さじ１

衣
小麦粉…大さじ３
天ぷら粉…大さじ１
水…適宜

揚げ油…適宜

♪美味しいポイント♪
さくっとした食感が食欲をそそる一品です。豚ひき肉がはさんであるのでボリュームも満点。食欲のない夏のおかずにぴったりです。

1人分
230kcal

recipe

❶ナスはへたを切り落とし、縦半分に切り、さらに斜めに切る（計12個分）。

❷一つひとつに切れ目を入れ、片栗粉をまぶす。

❸ボウルにAを入れてよく混ぜ、12等分にする。
❹❷に❸をはさむ。

❺小麦粉と天ぷら粉を水で溶いて衣を作る。❹を衣につけたら、中温でからっと揚げる。
❻器に❺を盛り付け、キャベツと人参を添える。（1人分3個）

鯵《アジ》の干物入り ハンバーグ風

1人分
210kcal

〈材料 4 人分（8 個分）〉
鯵の干物…1 枚
ジャガイモ…中 4 個
青味（クレソン、サニーレタス、キャベツなど何でもよい）…適宜
植物油…大さじ 2

♪ひと工夫♪
子どもが小さいころ、焼き魚を 1 匹きれいに食べられなくて、でも捨てるのはもったいなくて困っていました。そこで、残りの身をほぐしてハンバーグやコロッケにしたらどうだろうと思いつき、メニューができあがりました。魚臭さも気にならず、とっても美味しくいただけます。

recipe

❶鯵の干物は両面を焼き、骨と皮を取り除いて身をほぐす。

❷ジャガイモは皮をむいて 4 つくらいに切り、ゆでる。芯まで火が通ったらゆで汁を捨て、弱火で残りの水分をとばし、つぶす。

❸❷に❶を混ぜて 8 等分にし、ハンバーグの形に整える。
❹フライパンに植物油を中火で熱し、❸を両面きつね色になるまで焼く。
❺器に❹を盛り付け、青味を添える。

うなぎ入り里芋団子のあんかけ

1人分 181kcal

〈材料 4人分〉

里芋…中4個
うなぎ…適宜（細かく切っておく）
鰹削り節…小袋1（4g）
塩…少々
植物油…大さじ2
青味…少々

あん
　鰹節のだし汁…大さじ3
　醤油…小さじ1
　みりん…小さじ1
　片栗粉…小さじ1
　水…小さじ2

♪美味しいポイント♪
うなぎが残ったとき、ぜひ試してほしい一品です。残った量と人数によって、大きく丸めたり小さくしたり…。意外な美味しさにきっと驚くはずです。

recipe

❶里芋は皮をむき、柔らかくなるまでゆでる。ゆで汁を捨て、さらに弱火で水分をとばしたら、つぶして鰹削り節と塩を入れて混ぜ、4等分する。このとき、ビニール袋を使うと混ぜやすい。

❷❶の中にうなぎを入れて丸め、少し平たくする。

❸フライパンに植物油を中火で熱し、❷を並べて両面きつね色に焼き、器に盛る。
❹小鍋に鰹節のだし汁と醤油、みりんを入れ、沸騰したら水で溶いた片栗粉を回し入れてあんを作る。
❺❸に❹のあんをかけ上に青味をのせる。

根菜の煮物

1人分
120kcal

〈材料 4 人分〉

人参…中 1/2 本
コンニャク…1 枚
ゆでタケノコ…5cm
里芋…4 個
大根…5cm
グリーンピース…あれば適宜

A
　だし汁…1/2 カップ
　醤油…大さじ 1
　みりん…大さじ 1
　酒…大さじ 1
　塩…少々

recipe

❶人参などの根菜とコンニャクは、すべて食べやすい大きさに切り、鍋に入れる。
❷❶の鍋に A を入れ、材料に火が通るまで約 20 分煮る。
❸大きな器に盛り付け、あれば上にグリーンピースをちらす。

♪ひと工夫♪

煮物が余ったら、一つひとつの具に軽く片栗粉をまぶして油で揚げると、別の味わいに。お弁当のおかずにも最適です。

♪ミニ知識♪

根菜ってなあに

　根菜とは、土の中で育つ野菜の総称です。大根、人参、カブ、ゴボウや、ジャガイモ、里芋などのイモ類がこれにあたります(ただし、大根や人参の葉の部分は葉菜)。

　大地の恵みをたっぷりと吸収した根菜はとても栄養があります。根菜に含まれるビタミン類は、葉物野菜と比べて熱を加えても壊れにくいのが特徴です。煮汁ごといただけば、栄養を丸ごと摂取できますね。

人参

　根菜の代表・人参は、カロチンを多く含みます。カロチンは体内に入るとビタミン A に変わります。このビタミン A は、皮膚や粘膜を丈夫にしたり、目の健康を守ったりします。皮膚の弱い人や、花粉症に悩まされる人は大いに摂りたいものです。人参の葉も鉄分を多く含んでいますので、貧血の人におすすめです。捨てずに炒め物などに利用してください。

大根

　ビタミン A、C、E やカリウム、カルシウムをバランスよく含みます。根は分解酵素アミラーゼを含み、消化を促進させたり、胃もたれや二日酔いに効果があるといわれています。葉はカロチン、カルシウム、ビタミン C を含み、にきびや吹き出物によいようです。実が締まってずっしりと重いものを選びましょう。

里芋

　ぬめりが特徴の根菜です。このぬめりは、ガラクタンという成分で、血圧やコレステロールを下げる効果があります。調理の際はぬめりを落としすぎないようにしましょう。

味噌風味シュウマイ

1人分
203kcal

〈材料４人分（12個分）〉

豚ひき肉…300g
シュウマイの皮…12枚

A
味噌（赤味噌でも白味噌でもよい）…大さじ1
酒…大さじ1
ごま油…小さじ1

B（みじん切り）
玉ネギ…中1個
長ネギ…1/4本

C
片栗粉…大さじ1
パン粉…大さじ1

♪美味しいポイント♪
豚ひき肉と、玉ネギ・長ネギは分けて混ぜること。こうすると水っぽくなりません。また、シュウマイではなくワンタンの皮だとボリュームアップ！　蒸し時間は同じです。

recipe

❶ボウルに豚ひき肉とAを入れ、粘りが出るまでよく混ぜ、さらにB、Cを加えて全体を混ぜ合わせる。
❷12等分して丸め、シュウマイの皮で包む。

❸蒸し器を火にかけ沸騰したら、❷を並べ入れ、弱火で10～15分蒸す。
❹蒸しあがったら器に盛り付ける。

豆腐ハンバーグ

1人分
175kcal

〈材料４人分〉

豆腐ハンバーグ種
- 木綿豆腐…2 丁
- 鶏ひき肉…100g
- 人参…中 1/2 本
- 芽ひじき…少々(戻しておく)
- 長ネギ…1/2 本
- 卵…1 個
- 塩…小さじ 1/2

パン粉…1/2 カップ
コショウ…少々
植物油…大さじ 1

A
- 醤油…大さじ 1
- みりん…大さじ 1
- 酒…大さじ 1

recipe

❶木綿豆腐は水切りをしておく。人参は皮をむいてみじん切りにし、さっと火を通しておく。芽ひじきは水に戻してざるにあげる。長ネギは小口切りにする。

♪美味しいポイント♪
豆腐ハンバーグ種を使えば、いろいろな料理にアレンジ可能。このレシピでは 4 人分の分量となっています。P24 からは、豆腐ハンバーグ種を使った簡単レシピを紹介していきます。

❷ボウルに❶を入れ、鶏ひき肉、卵、塩を入れて混ぜる（少し豆腐の固まりが残ってもよい。あまり混ぜすぎないこと)。これで豆腐ハンバーグ種のできあがり。

❸❷にパン粉、コショウを混ぜ合わせて 4 等分し、楕円形にまとめておく。

❹フライパンに植物油を中火で熱し、❸を並べ両面焦げ目がつくまで焼き、A を加えて味をからませる。

❺器に盛り付け、好みで大根おろしや貝割れをのせる。

変わりロールキャベツ

1人分 120kcal

〈材料 4 人分〉

P22 の豆腐ハンバーグ種…1/2
キャベツ…8 枚
コショウ…少々
パン粉…1/2 カップ
パセリ…少々（みじん切り）

A
　固形コンソメ…1 個
　塩…少々
　みりん…小さじ 1
　醤油…小さじ 1
　水…中身がひたひたにつかるくらい

recipe

❶キャベツはさっとゆで、芯を薄く削ぎ取る。芯の部分は薄切りにして、豆腐ハンバーグ種の中に入れる。

❷豆腐ハンバーグ種にコショウ、パン粉を加えて混ぜ合わせ、4 等分して棒状に整えておく。

❸キャベツを 2 枚重ねて❷をおき、しっかりと巻いていく。

❹鍋に A を入れて火にかけ、よく煮溶かす。

❺❹の中にとじ目を下にしたロールキャベツを隙間なく入れ、中火で 20 分ほど煮る。

❻食べやすいよう 2 ～ 4 つに切り、深めの器に盛り付け、パセリをちらす。

variation

さっとゆでたキャベツと豆腐ハンバーグ種を鍋に交互に重ね、A を入れて 20 ～ 30 分煮て 1/4 に切ればできあがり。キャベツの量を多めにするだけで、あとはロールキャベツの材料と同じです。

♪美味しいポイント♪

ロールキャベツを煮崩さないポイントは、きつめにしっかり巻くことと、とじ目を下にすること、そして隙間なく鍋に並べることです。こうすれば楊枝などでとめなくてもきれいに仕上がります。

豆腐団子のポトフ

1人分
140kcal

〈材料 4人分〉
P22 の豆腐ハンバーグ種…1/8
玉ネギ…小 4 個
ジャガイモ…小 4 個
人参…中 1 本
大根…8cm
ブロッコリー…小分けしたもの 4 房
片栗粉…大さじ 1

A
固形コンソメ…1 個
塩…小さじ 2
水…400cc

recipe

❶玉ネギ、ジャガイモは皮をむく。人参は皮をむき 4 等分に、大根も皮をむき、縦 4 等分にする。
❷ブロッコリーは固ゆでにする。
❸豆腐ハンバーグ種に片栗粉を入れてよく混ぜ、4 等分して団子に丸めておく。
❹鍋に A を入れ、玉ネギ、人参、大根も入れて中火にかけ、15 分くらい煮る。

❺ジャガイモを入れて弱火にし、15 分くらい煮る。さらに❸を静かに入れ、細火で 15 分ほど煮る。
❻火を止めてブロッコリーを入れ、ふたをして 1～2 分蒸らす。
❼深めの器に、具材をひとつずつ入れて盛り付ける。

♪美味しいポイント♪
ジャガイモと玉ネギは小ぶりなものを丸のまま入れてダイナミックに。豆腐ハンバーグ種団子、大根を入れることによって、和と洋があわさって絶妙なポトフになります。子どもからお年寄りまで楽しめる、栄養たっぷりのポトフです。

白菜と油揚げのスープ煮

1人分
130kcal

〈材料 4人分〉
P22の豆腐ハンバーグ種…1/2
白菜…2枚
油揚げ…1枚
春雨…少々
ごま油…小さじ1

A
　鶏ガラスープの素…少々
　塩…小さじ1
　みりん…小さじ1
　水…200cc

recipe

❶豆腐ハンバーグ種を12等分にし、団子に丸めておく。
❷白菜は食べやすい大きさに、油揚げは8つに切る。春雨はさっとゆでて食べやすい長さに切っておく。
❸鍋にAを入れ、沸騰したら❶の団子を入れてふたをし、10分ほど煮る。
❹白菜と油揚げを入れてさらに5分くらい煮たら、春雨を入れる。ひと煮立ちしたら火を止め、ごま油を回し入れる。

♪美味しいポイント♪
豆腐ハンバーグ種を中華テイストのスープにアレンジ。春雨が食感のアクセントになります。白菜が相性抜群ですが、好みの葉物でもOKです。人参、大根など余った根菜類でも美味しいです。

油揚げの袋煮

〈材料 ４人分〉

P22 の豆腐ハンバーグ種…1/2

油揚げ…2 枚

A

だし汁…200cc

醤油…大さじ 1

みりん…大さじ 1

塩…少々

recipe

❶豆腐ハンバーグ種を 4 等分し、半分に切った油揚げの中に詰め、楊枝でとめる。

❷鍋に A を入れ、沸騰したらさらに❶を入れてふたをし、中火で 20 分ほど煮る。

❸汁といっしょに器に盛り付ける。

1人分 180kcal

♪ミニ知識♪

健康食品・豆腐

大豆が原料の豆腐は、タンパク質を豊富に含み、口当たりもよく消化もよいので、子どもからお年寄りまで好まれる、体にやさしい食材です。動物性脂肪はコレステロールを上げるのですが、豆腐に含まれるのは植物性脂肪で、逆にコレステロールを下げる働きがあります。肥満や動脈硬化などの成人病予防にも役立ちそうです。

豆腐は日本だけでなく、中国や韓国などアジアの国々でもよく食べられています。マーボー豆腐や豆腐チゲなどは、日本でもよく知られていますね。

油揚げは、薄切りにした豆腐を油で揚げたもの。野菜との相性は抜群です。薄いものからふっくらとしたものまで、よく見ると種類もいろいろ。好みに合わせて使いましょう。

♪美味しいポイント♪

半分に切った油揚げ、なかなかうまく開けないことはありませんか？　すりこぎやよく洗った包丁の柄で叩いてみてください。開きやすくなるはずです。

♪バリエーション♪

◆油揚げを使わずに、種団子だけでも煮物ができます。材料も作り方も油揚げを除けば同じです。ただし、煮る時間は 15 分くらいにしてください。

◆つけあわせとして、コンニャク（1 枚…8 等分）、大根（4 cm…厚さ 1 cmの半月切り）をいっしょに煮て添えてもいいです。いろいろ加えておでん風にしても。さらに青味を飾っても彩りよくなります。

種団子の茶碗蒸し

〈材料 4 人分〉

P22 の豆腐ハンバーグ種…1/8
三つ葉…少々

A
　卵…2 個
　だし汁…180cc
　みりん…小さじ 1
　塩…小さじ 1

♪美味しいポイント♪
ぎんなんやシイタケ、かまぼこと、茶碗蒸しの具はワンパターン。意外とシイタケやぎんなんが苦手な人も多いものです。この茶碗蒸しなら豆腐ハンバーグ種、卵、調味料があれば、簡単に美味しくでき、しかも子どもに大人気の一品となります。

1人分 90kcal

recipe

❶豆腐ハンバーグ種を 8 等分し、団子に丸める。
❷ A を混ぜ合わせ、4 つの器に等分に入れ、❶を静かに 2 つずつ入れる。

❸蒸し器を火にかけ、沸騰したら❷を入れ、20 分ほど弱火で蒸す。蒸しあがったら、上に三つ葉をのせる。

野菜を美味しく
たくさん摂るために

★調理は煮る・炒める

野菜不足は気になるけれど、作るといったらサラダくらい。生野菜ってそんなにたくさん食べられないし、いつも同じで飽きてしまう——こんな声をよく聞きます。

木もれびでは野菜がメインの場合、ほとんど煮るか炒めるかの調理法です。火を通すことによってたくさん食べられるし、葉物から根菜までいろいろな種類が摂れるからです。この本で紹介した野菜と豆腐のレシピをもとに、そのとき家にある野菜や旬の野菜をうまく組み合わせて、野菜がメインのおかず作りに挑戦してみましょう。

★全体のバランスに気を配る

野菜を美味しく食べるには、煮る·炒める時間が大切です。木もれびの野菜は、どちらかというと、少ししゃきしゃき感が残る固めが中心。というのも、豆腐料理と合わせるケースが多いからです。歯ごたえのあるほうが、柔らかい豆腐に対してバランスがいいと思います。皆さんもメニュー全体を考えて、同じ食感にならないように気をつけてください。

味のバランスも大切です。醤油ベースのおかずがメインならば、副菜は煮物の小鉢ではなく、マリネやサラダにするというように、別の味を合わせます。その結果、主菜・副菜どちらも野菜でも、飽きずに美味しく食べられるものです。

薄い味付けでも物足りなく感じさせないためには、ごまや桜海老を使います。味に深みが出るし、見た目もきれいです。おひたしにごまをパラッとかける、煮物にさっと桜海老を加える——これだけで、美味しさも見た目もぐんとアップします。

Ⅱ

「種」でラクラク和みおかず

鶏ひき肉種の作り方

あっさりだけどボリュームもあり、どんな味付けにも合う鶏肉は、日常のおかず作りに欠かせません。ただ混ぜるだけの「鶏ひき肉種」を作っておけば、野菜と組み合わせていろいろなおかずのバリエーションが楽しめます。

〈材料 およそ４人分〉

鶏ひき肉…200g
味噌…大さじ１
八丁味噌…大さじ 1/2
砂糖…大さじ１
みりん…小さじ１
醤油…小さじ１
酒…小さじ１
植物油…大さじ１
水…30cc

recipe

鶏ひき肉をボウルに入れ、水 30cc でよくほぐしてから、すべての調味料を入れて、さらによく混ぜ合わせる。

♪美味しいポイント♪

◆最初に、鶏ひき肉を水でよくほぐすことがポイント。ひき肉がダマにならず、ぽろぽろの状態で使いやすくなります。
◆４等分して、１人分ずつ冷凍しておくと便利です。２カ月くらい持ちますので、鶏ひき肉の安いときにまとめ買いしてたくさん作っておきましょう。

◎鶏肉の栄養…鶏肉は、高タンパク質で低カロリー。しかも、体に必要な必須アミノ酸やビタミン類をバランスよく含んでいる、体にやさしい食材です。肉類の中では一番あっさりしていますので、食べやすく、味付けしだいでいろいろな料理に応用できる万能食材です。

玉ネギと人参の炒め物

〈材料 4 人分〉

P 36 の鶏ひき肉種…1/2
玉ネギ…中 4 個
人参…中 1/2 本
植物油…大さじ 1
青味（小ネギ、水菜、インゲンなど何でもよい）…少々

recipe

❶玉ネギは厚さ 1cm のくし形、人参は厚さ 5mm の拍子木切りにする。

❷フライパンに植物油を中火で熱し、❶をよく炒め、火が通ったら鶏ひき 肉種を入れてさらに炒める。

❸器に❷を盛り付け、青味をちらす。好みで白ごまをふってもよい。

1人分
120kcal

♪バリエーション♪

玉ネギの代わりにキャベツ中 1/4 個でも同様に作れます。キャベツは芯を削ぎ落として細かく切り、葉は 5cm 四方に切ってください。人参は厚さ 5mm の拍子木切りに。油はごま油にしてください。

ナスの炒め物

〈材料 4 人分〉
P36 の鶏ひき肉種…1/2
ナス…中 4 本
ごま油…大さじ 1

1人分
95kcal

recipe

❶ナスはへたを取り、縦半分に切って、幅 5mm の斜め切りにする。
❷フライパンにごま油を中火で熱し、❶を炒め、少し火が通ったら鶏ひき肉種を入れてさらに炒める。
❸器に❷を盛り付ける。好みで白ごまや青味をちらしてもよい。

♪バリエーション♪
ナスと同様、夏野菜の代表ピーマンと人参でも代用できます。ピーマン中 8 個はへたと種を取り、縦半分に切って 3 等分する。人参中 1/3 本は厚さ 5mm の拍子木切りにします。❷以降は同様です。

ジャガイモの煮物

1人分
155kcal

〈材料 4 人分〉
P36 の鶏ひき肉種…1/2
ジャガイモ…中 4 個
水…200cc

recipe

❶ジャガイモは皮をむき食べやすい大きさに 6 等分する。
❷鍋に水 200cc を入れ、ジャガイモ、鶏ひき肉種を入れ、火が通るまで約 20 分煮る。
❸器に❷を盛り付ける。好みで白ごまや青味をちらしてもよい。

♪美味しいポイント♪
味付けがめんどうな煮物も、「種」を利用すれば、材料と合わせて煮込むだけで簡単です。ジャガイモを里芋（中 5 ～ 6 個）に代えても、同じ分量で同様に作れます。

大根の煮物

1人分
100kcal

〈材料 4 人分〉

P36 の鶏ひき肉種…1/2
大根…10cm
水…100cc

recipe

❶大根は皮をむき食べやすい大きさにに切る。
❷鍋に水 100 ccを入れ、❶と鶏ひき肉種を入れて火が通るまで約 15 分煮る。
❸器に❷を盛り付ける。好みで白ごまや青味をちらしてもよい。

♪美味しいポイント♪
大根を少なめにしてその分人参を加えても、同様に作れます。

ゴボウの炒め物

〈材料 4 人分〉

P36 の鶏ひき肉種…1/2
ゴボウ…1 本
ごま油…大さじ 1

recipe

❶ゴボウは表面をこそげ落とし、斜め薄切りにし、水にさらす。
❷フライパンにごま油を中火で熱し、❶を入れて炒め、火が通ったら鶏ひき肉種を入れ、さらに炒める。
❸器に❷を盛り付ける。好みで白ごまや青味をちらしてもよい。

1人分
98kcal

1人分
75kcal

コンニャクの炒め物

〈材料 4 人分〉
P36 の鶏ひき肉種…1/2
コンニャク…2 枚
ごま油…大さじ 1

recipe

❶コンニャクは軽く水洗いし、縦に 2 つに切り、さらに横に 8 つに切る。
❷フライパンにごま油を中火で熱し、❶を入れて炒め、鶏ひき肉種を入れてさらに炒める。
❸器に❷を盛り付ける。好みで白ごまや青味をちらしてもよい。

味付け豚肉種の作り方

タンパク質豊富な豚肉。そのままでも使い勝手のよい食材ですが、種にすれば臭みも取れて味もしみ込み、いままでのレシピがぐんと美味しくなります。しかも、調理時間も大幅に短縮と、一石二鳥です。

〈材料 およそ４人分〉

薄切り豚肉…200g（小間切れならそのまま、そうでない場合は食べやすい大きさに切る）
醤油…大さじ２
みりん…大さじ２
酒…大さじ２
砂糖…大さじ２

recipe

鍋に調味料すべてを入れ、沸騰したら１枚ずつ豚肉を入れて、約5分煮る。

♪美味しいポイント♪

４等分して、１人分ずつ冷凍しておくと便利です。汁ごと冷凍して、使うときは汁もいっしょに。

◎豚肉の栄養…日本人が一番よく食べている肉、それが豚肉です。ごはんやパンなどの糖質を分解してくれるビタミンB1を多く含んでいるのが特徴です。ビタミンB1が不足すると、疲れやすくなりますので、豚肉は元気の素といえるでしょう。他に、ビタミンＢ２、Ｅも豊富。野菜と合わせてよりヘルシーなおかずにしましょう。

肉豆腐

1人分
220kcal

〈材料 4 人分〉
P44 の味付け豚肉種…全部
木綿豆腐…1 丁
玉ネギ…中 1 個
人参…中 1/2 本
水…100cc

recipe

❶木綿豆腐は水切りし、8 等分に切る。
❷玉ネギは厚さ 1cm のくし形に、人参は食べやすい大きさに切る。
❸鍋に水 100 cc、味付け豚肉種、❷を入れて約 10 分煮る。さらに❶を入れて約 5 分煮る。
❹器に❸を盛り付け、好みで青味をのせる。

肉じゃが

1人分
230kcal

〈材料 4 人分〉

P44 の味付け豚肉種…全部
ジャガイモ…中 4 個
玉ネギ…中 1 個
人参…中 1/2 本
水…200cc

recipe

❶ジャガイモは皮をむき、食べやすい大きさに 4 つくらいに切る。
❷玉ネギは厚さ 1cm のくし形に、人参は食べやすい大きさに切る。
❸鍋に水 200 cc、味付け豚肉種、❶❷を入れ、約 20 分煮る。
❹器に❸を盛り付ける。

♪美味しいポイント♪
調味料を計る手間がないので、肉じゃがも簡単に作れます。

回鍋肉《ホイコーロー》

〈材料 4 人分〉

P44 の味付け豚肉種…1/2
キャベツ…中 1/8 個
ショウガ…1 かけ
味噌…大さじ 1/2
ごま油…大さじ 1
白ごま…少々

recipe

❶キャベツは芯を削ぎ取り、食べやすい大きさに切る。
❷ショウガはせん切りにする。
❸フライパンにごま油を中火で熱し、❶❷を入れて炒め、味付け豚肉種、味噌を入れてさらに炒める。
❹器に❸を盛り付け、白ごまをふる。

1人分
80kcal

野菜のうま煮風

1人分
245kcal

〈材料 4 人分〉

P44 の味付け豚肉種…全部
玉ネギ…中 1 個
白菜…2 枚
人参…中 1 本
ピーマン…2 個
ゆでタケノコ…5cm
厚揚げ…1 枚（油揚げ 1 枚と木綿豆腐 1 丁でもよい）
さつま揚げ…2 枚
鶏ガラスープの素…少々
片栗粉…大さじ 1
水…大さじ 2
植物油…大さじ 1

recipe

①玉ネギは厚さ 1cm のくし形、白菜は食べやすい大きさ、人参は厚さ 3mm の薄切り、ピーマンはへたと種を取り縦 8 等分、タケノコは厚さ 5mm、厚揚げは 8 等分、さつま揚げは 4 等分にそれぞれ切る。

②フライパンに植物油を中火で熱し、まず玉ネギ、人参を炒め、火が通ったらその他の材料と味付け豚肉種を入れて炒める。

③②に鶏ガラスープの素を入れて味をととのえ、水溶き片栗粉を回し入れ、とろみをつけてできあがり。

カレーひき肉種の作り方

子どもからお年寄りまで、幅広い層に人気のカレー味。カレーといえばカレーライスだけ、というマンネリレシピから抜け出せる、美味しいカレー種レシピを紹介します。

〈材料 およそ４人分〉

豚ひき肉…200g
カレー粉…小さじ１
固形カレールウ…30g
塩…小さじ１
コショウ…小さじ1/2
植物油…大さじ１

recipe

フライパンに植物油を中火で熱し、豚ひき肉を炒め、火が通ったら調味料すべてを入れてよく炒める。

♪美味しいポイント♪

４等分して、１人分ずつ冷凍しておくと便利です。約２カ月持ちます。

◎カレーの話…カレーの中に入っている香辛料は血圧を上げるのではないか、と言われていますが、「まったく影響はない」という研究結果もあります。むしろ辛いものを食べると汗が出てきて、老廃物が体から出ていく感じがします。そして、香辛料には不思議と食欲を促進させるものがあります。どんなに食欲のないときでも、なぜかカレーなら食べられるもの。もっとカレーを利用しましょう。

カレー風味オムレツ

1人分
260kcal

〈材料 4 人分〉
P50 のカレーひき肉種…1/2
玉ネギ…中 1 個
ジャガイモ…中 1 個
卵…4 個
植物油…大さじ 1
つけあわせ（パプリカ、キャベツなど何でもよい）…適宜

recipe

❶玉ネギは厚さ 5mm のくし形、ジャガイモは厚さ 5mm の細切りする。
❷フライパンに植物油を中火で熱し、❶を入れて炒め、火が通ったらカレーひき肉種を入れてさらに炒める。
❸別の小さなフライパンに植物油少々をひき、卵 1 個を溶いて焼き、❷を 1/4 のせて半分に折る。1 人分ずつ作る。
❹器に❸を盛り付け、付け合わせを添える。

♪美味しいポイント♪
いつものオムレツもカレー風味をつけただけで、立派なおかずに大変身。つけあわせの野菜を工夫すれば、栄養バランスもいいですね。

カレースープ

〈材料 4 人分〉
P50 のカレーひき肉種…1/2
玉ネギ…中 1 個
人参…中 1/2 本
ジャガイモ…中 2 個
水…400cc
植物油…大さじ 1
青味…少々

recipe

❶玉ネギ、人参は乱切り、ジャガイモは食べやすい大きさに 4 等分に切る。
❷鍋に植物油をひき、❶を入れてよく炒め、火が通ったらカレーひき肉種と水 400 ccを入れて、さらに約 20 分煮る。
❸深めの器に❷を盛り付け、青味をちらす。

♪美味しいポイント♪
パンに合うスープです。忙しい朝にぴったりの一品です。

カレーコロッケ

〈材料 4 人分（8 個分）〉

P50のカレーひき肉種…全部
ジャガイモ…中 4 個
玉ネギ…中 1 個
人参…中 1/2 本
植物油…大さじ 1

衣
　小麦粉…適宜
　卵…1個（割りほぐしておく）
　パン粉…適宜
　揚げ油…適宜

recipe

❶ジャガイモは皮をむいて適当な大きさに切り、水からゆで、火が通ったらゆで汁を捨て、さらに中火で水分をとばし、つぶして冷ます。
❷フライパンに植物油を中火で熱し、細かく切った玉ネギ・人参を炒め、カレーひき肉種を入れさらに炒める。
❸❶の鍋の中に❷を入れて混ぜ、8 等分にし、俵形にまとめる。
❹❸に小麦粉、卵、パン粉の順に衣をつけ、中温の油で揚げる。
❺器に❹を盛り付ける。好みでせん切りキャベツを添えてもよい。

1人分
305kcal

カレーひき肉のレタス包み

〈材料４人分〉
P55のカレーひき肉種…全部
玉ネギ…中1/2個
人参…中1/2本
コーン缶（粒状）…適宜
レタスまたはサニーレタス…1/2個
植物油…大さじ1

1人分
178kcal

recipe

❶レタスまたはサニーレタスは大きめにちぎり、洗って水を切っておく。
❷玉ネギ、人参はみじん切りにする。
❸フライパンに植物油を中火で熱し、❷を入れて炒める。
❹ある程度火が通ったら、コーン、カレーひき肉種を入れてさらに炒める。
❺大皿にレタスまたはサニーレタスを盛り、❹を深めの器に入れて横に添える。

♪美味しいポイント♪
レタスに具を包んでパクリ！ かさがある葉物も具の美味しさでたくさん食べられます。レタスでもサニーレタスでもお好みのものを使ってください。

基本の種

ひじきの煮物種の作り方

このままでも美味しいひじきの煮物としておかずになります。プラスひと工夫で、新たなレシピに変身です。

〈材料 およそ４人分〉
乾燥長ひじき…15g
人参…中 1/2 本
コンニャク…1/2 枚
油揚げ…1 枚
大豆水煮…適宜
植物油…大さじ 1

A
だし汁…50cc
醤油…大さじ 1
みりん…大さじ 1
酒…大さじ 1
砂糖…大さじ 1

recipe

❶ひじきは水で戻し、水切りして食べやすい長さに切っておく。
❷人参、コンニャク、油揚げは幅 3mm のせん切りにする。
❸鍋に植物油をひき、❶❷を入れて炒め、大豆水煮と A を入れ約 10 分煮る。

♪美味しいポイント♪
4 等分して、1 人分ずつ冷凍しておくと便利です。汁ごと冷凍しておきましょう。

◎ひじきの栄養…カルシウム、食物繊維、鉄分が豊富なひじきは、これらが不足しがちな女性にはとくにおすすめの食材です。カルシウムは骨を丈夫にし、食物繊維は便秘解消・美肌効果、鉄分は貧血を防いでくれます。常備菜として常に用意しておきたいですね。

ひじき入り卵焼き

〈材料 4 人分〉

P56 のひじきの煮物種…1/2（汁ごと）

卵…4 個

植物油…大さじ 1

recipe

❶ボウルに卵を割りほぐし、ひじきの煮物種を混ぜる。

❷フライパンに植物油を中火で熱し、❶を流し入れて焼く。

❸適当な大きさに切り、器に盛る。

♪美味しいポイント♪

ごはんがすすむ卵焼きです。海草が苦手のお子さんにも美味しく食べてもらえます。

1人分
166kcal

うの花

〈材料 4 人分〉

P56 のひじきの煮物種…1/2（汁ごと）

おから…1 カップ

ニラ…1/2 本（小口切り）

水…50cc

植物油…大さじ 1

recipe

❶鍋に植物油をひき、おからをよく炒める。

❷ひじきの煮物種と水を加えて、

混ぜながら 10 分ほど煮る。このとき、水は調節しながら入れていく。

❸火を止め、ニラを入れて合わせる。

❹器に❸を盛り付ける。

1人分
196kcal

ひじきコロッケ

〈材料 4 人分（8 個分）〉

P56 のひじきの煮物種…1/2（汁を切る）
ジャガイモ…中 4 個
植物油…大さじ 1

衣
小麦粉…適宜
卵…1個（割りほぐしておく）
パン粉…適宜
揚げ油…適宜

recipe

❶ジャガイモは皮をむいて適当な大きさに切り、水からゆでる。火が通ったらゆで汁を捨て、中火で水分をとばし、つぶして冷ます。
❷❶にひじきの煮物種を混ぜ合わせる。
❸❷を 8 等分して丸め、小麦粉、卵、パン粉の順に衣をつけ、中温でからっと揚げる。
❹器に❸を盛り付ける。好みでせん切りキャベツを添えてもよい。

いり豆腐

〈材料 4 人分〉
P56 のひじきの煮物種…1/2（汁を切る）
木綿豆腐…1 丁
塩…少々
植物油…大さじ 1

recipe

❶木綿豆腐はよく水切りしておく。
❷フライパンに植物油を中火で熱し、❶を入れて崩しながら強火で炒め、ひじきの煮物種、塩を入れてさらに炒める。
❸器に❷を盛り付ける。好みで白ごまや青味をちらしてもよい。

♪美味しいポイント♪
豆腐はよく水切りしておきましょう（P8、22 参照）。炒めると水分が出るので、水切りが美味しくするポイントです。

1人分
76kcal

種レシピでラクラク

★1人分でも、すぐにできたて！

「種」をベースにしたレシピを考えたのは、専業主婦時代です。子どもたちが大きくなって、塾通いや部活動が始まると、それぞれ帰宅時間が異なります。もちろん、夫も早かったり遅かったりです。家族全員で夕食をとる機会が少なくなり、食事時間がバラバラになってしまいました。

作っておいても、冷めてしまっては美味しくないし、１人分でも簡単に美味しくできないか――悩んでいたときに、種を思いついたのです。

時間のあるときにまとめて作り、１人分ずつ小分けしておく。そして、必要な分だけ、野菜と合わせてさっと炒めたり煮たりすれば、簡単に一品ができあがります。私もラクだし、子どもたちも温かい料理がすぐに食べられて満足していました。

カレーを入れてみたらどうかな、ひじきの残りも種になるかも……。いろいろ試して、種のレパートリーが広がっていきます。

種はお弁当作りにも大いに役立ちました。前日、使う分だけ冷凍庫から冷蔵庫に移して解凍しておけば、忙しい朝もラクラクです。

★まとめて数種類は作ろう

時間のあるときに数種類の種を作りおきしておけば、日替わりで使えて、とても便利です。

最低でも４人分は作ってください。あまり少ないと、水分が減ってしまったり、何度も作ることになったりと、効率的ではありません。小分けして冷凍しておけば１カ月は持ちますから、素材が安いときにまとめ買いして作っておくことをおすすめします。

III ワン・プレートで満足のごはん物

ちらし寿司

〈材料 4 人分〉
ごはん…2 合
人参…中 1/2 本
油揚げ…1 枚
干しシイタケ…4 枚

A（合わせておく）
だし汁…大さじ 3
酒…大さじ 1
みりん…大さじ 1
醤油…大さじ 1
砂糖…大さじ 1

B（合わせておく）
酢…大さじ 1
砂糖…大さじ 1/2
塩…少々

C
紅ショウガ…少々（せん切り）
錦糸玉子…卵 1 個分
青味…少々

1人分
270kcal

recipe

❶人参は皮をむいてせん切りに、油揚げは縦半分に切り同じくらいのせん切りにする。鍋に A の 2/3 と人参・油揚げを入れ、汁気がなくなるまで煮る。
❷干しシイタケは砂糖少々を入れたひたひたの水に入れて戻し、せん切りにする。戻し汁と A の残りを加え、汁気がなくなるまで煮る。
❸炊きたてのごはんをボウルに移し、B を入れて手早く混ぜながらうちわであおいで冷ます。さらに、❶と❷を入れて混ぜ合わせる。
❹器に❸を盛り付け、C を飾る。

♪バリエーション♪
◆いなり寿司風にしても美味しいです。
◆たくさん作って余ったら、蒸し寿司にするとまた違った美味しさが。耐熱皿に入れてレンジで温めます。

塩昆布とツナのごはん

〈材料 4人分〉
ごはん…2合
塩昆布…15g
ツナ缶（オイル）…小1缶（80g）

recipe

❶ボウルに炊きたてのごはんを移し、塩昆布とツナを入れて混ぜる。
❷器に❶を盛り付ける。好みで白ごまをふってもよい。

1人分
235kcal

♪ミニ知識♪

昆布いろいろ

ひとくちに昆布といっても、その種類はさまざま。生産地はおもに北海道です。利尻《りしり》昆布、羅臼《らうす》昆布、日高昆布など、北海道の地名がついたものが多いですね。だしをとる、昆布巻きなどの食用と、用途は昆布の種類によって違います。

昆布は非常に栄養価が高いことでも知られています。カルシウムは牛乳の約6倍、鉄分は約120倍といわれているほどです。

北海道で多く取れる昆布ですが、沖縄でもっとも昆布が食べられているという説もあります。一般家庭でよく食べるのは「クーブイリチー（昆布炒め）」。細く切った昆布と豚肉、コンニャク、シイタケなどを炒め合わせたポピュラーなおかずです。最近では、長寿の県からメタボリック症候群が多い県へと不名誉な沖縄ですが、昔からの伝統食が失われつつあることへの警鐘といえるかもしれません。

♪美味しいポイント♪

◆ツナ缶のオイルは好みで調整してください。
◆塩昆布は、スーパーなどで売っている細かく刻んであるものを利用すると、そのまま使えて便利です。

♪バリエーション♪

たくさん作って余ったら、冷凍保存も可能。約2カ月持ちます。解凍後、フライパンで炒めても美味しくいただけます。

鯵干物寿司

〈材料２人分〉

ごはん…２合
鯵の干物…１枚
白ごま…大さじ１

A（合わせておく）
　酢…大さじ１
　砂糖…大さじ 1/2

B
　青じその葉…4枚（せん切り）
　ショウガ…少々（せん切り）

1人分
220kcal

recipe

❶鯵の干物は両面を焼き、骨と皮を取り除いて身をほぐす。

❷ボウルに炊きたてのごはんを移し、A と白ごまを入れて手早く混ぜながらうちわであおいで冷まし、❶を入れて軽く混ぜる。

❸器に❷を盛り付け、B を飾る。

♪美味しいポイント♪

干物が１枚だけ残ってしまった、というときにぜひお試しください。さっぱりしていて美味しく、何杯でもおかわりできそうな一品です。

♪バリエーション♪

ナスを加えても、美味しくいただけます。ナスはへたを取って縦半分に切って薄切りにし、塩少々、水大さじ２を入れた塩水でよくもんで水気をしぼります。それを❸に加えてできあがりです。

簡単カレーライス

〈材料 4 人分〉
P50 のカレーひき肉種…全部
ごはん…2 合
玉ネギ…中 2 個
人参…中 1/2 本
ジャガイモ…中 4 個
固形カレールウ…30g
植物油…大さじ 1
水…200cc

recipe

❶玉ネギ、人参は食べやすい大きさに、ジャガイモは 4 等分に切る。
❷鍋に植物油をひき、❶を入れてしばらく炒め、油がなじんだら水 200cc を入れ、約 20 分煮込む。さらにカレーひき肉種と固形カレールウを入れて 10 分ほど煮る。

❸皿にごはんを盛り、❷をかける。

1人分
420kcal

♪美味しいポイント♪
カレーひき肉種を使えば、こくのある美味しいカレーがあっという間にできます。インスタントコーヒー小さじ 1 かチョコレート 1 かけを仕上げに入れるとさらにこくが出ます。

ドライカレー

〈材料 4 人分〉
P50 のカレーひき肉種…全部
ごはん…2 合
玉ネギ…中 2 個
人参…中 1/2 本
植物油…大さじ 1
つけあわせ（レタス、ブロッコリーなど、何でもよい）…適宜

1人分
380kcal

recipe

❶玉ネギは厚さ 5mm の薄切り、人参は厚さ 3mm のせん切りにする。

❷フライパンに植物油を中火で熱し、❶を入れて炒め、火が通ったらカレーひき肉種を入れてさらに弱火で炒める。

❸❷にごはんを加え、炒め合わせる。

❹器に❸を盛り付け、つけあわせを添える。

♪美味しいポイント♪
これはチャーハン風ドライカレーですが、ごはんをそのまま器に盛り、❷をのせれば、キーマカレー風になります。ぜひお試しください。

1人分
191kcal

ひじきごはん

〈材料 4 人分〉

P56 のひじきの煮物種…1/2（汁を切る）

米…2 合

recipe

❶米 2 合をとぎ、普通の水加減でひじきの煮物種を入れて炊く。

❷食べやすい大きさににぎり、器に盛り付ける。好みで白ごまをふってもよい。

♪美味しいポイント♪

この本のレシピ、どのおかずとも合うごはん物です。ボリュームが欲しければ､ナスのはさみ揚げ（P 12）や豆腐ハンバーグ（P 22）。野菜をプラスしたいなら、種を使ったジャガイモの煮物（P 40）や大根の煮物（P 41）など、またプラス一品のやさしいおかずから選ぶといいでしょう。

♪ミニ知識♪

米を見直す

　最近、やせ願望が以前にも増して強くなっているような気がします。とくに、若い女性が太ってもいないのに無理にダイエットするのは、大きな問題です。栄養のバランスを考えつつ、しっかり三食摂りましょう。

　「ごはんは太る」「炭水化物は太る」と思っている人が多いようですが、そんなことはありません。

　欧米では、炭水化物の摂取が少なく、肉や乳製品、脂肪に偏った食生活がカロリーの過剰摂取につながり、肥満の原因にもなっているといわれています。米飯を中心とした炭水化物と、おかずのタンパク質やビタミンがバランスよく摂れるのが、日本の伝統的食事・和食です。

　米は涼しいところに保管してください。高温・多湿は避けましょう。ベストなのは、玄米で保管して、食べるときに精米するか、お米屋さんで精米したてを買うこと。夏場はビニール袋などに入れて冷蔵庫で保管するのがおすすめです。

　余ったごはんは、炊いてから10 時間以内にラップに小分けして冷凍庫へ。長く炊飯ジャーに入れておくと、鮮度が落ちて美味しくなくなってしまいます。

美味しいお味噌汁の作り方

★具は３種類、味噌は少なめ

木もれびのお味噌汁は、お椀が大きいのでとてもたっぷりです。皆さん、最初はびっくりしますが、残す方はめったにいません。そして、よく聞かれます。

「量が多いのに、全部いただけちゃうのはどうして？」

「すごく美味しいけど、特別なだしを使っているの？」

特別なものは何も使っていませんが、ちょっとしたコツはあります。それは、味噌を少なめにしていることです。だから、たくさんいただけるのだと思います。塩分が控えめになるし、健康にもいいですね。

具は、３種類ぐらい入れるのが理想。少なめの味噌でも具のうまみが合わさって、だしがよく効いた味になるからです。定番の具は、モヤシ、わかめ、長ネギ。モヤシは軽くレンジで温め、長ネギは小口切り、わかめは戻して細かく切っておきましょう。これらの具を先にお椀に入れておき、後から味噌汁をそそぐのです。モヤシがしゃきっとして、とても美味しくなりますよ。

★だしのとり方の基本

だしのとり方の基本を書いておきます。むずかしいことは何もありません。市販のだしではなく、ぜひ自宅でとりましょう。

❶煮干しだし

適量の煮干し（水400㏄に３個）と水を鍋に入れて中火にかけ、沸騰直前で火を止める。煮干しは続けて３回くらい、だしがとれる。

❷鰹だし・昆布だし

適量の鰹節（水400㏄にひとつかみ）または昆布（水400㏄に５㎝）と水を鍋に入れて中火にかけ、沸騰直前で火を止める。

Ⅳ

プラス一品の
やさしいおかず

ゴボウサラダ

〈材料 4 人分〉
ゴボウ…1 本

A ごまマヨネーズ
　マヨネーズ…大さじ 1
　すりごま…大さじ 1
　黒ごま…小さじ 1
　塩・コショウ…各少々

recipe

❶ゴボウは皮をこそぎ落としせん切りにし、5 分ほど水にさらす。約 5 分さっとゆで、ざるにあげて冷ます。
❷ボウルに A を入れて混ぜ、❶を加えて混ぜ合わせる。
❸器に❷を盛り付ける。

♪美味しいポイント♪
ゴボウのしゃきしゃき感が後を引く美味しさです。根菜嫌いなお子さんでも美味しく食べられそうです。

1人分
71kcal

1人分
49kcal

ひじきサラダ

〈材料 4 人分〉
乾燥ひじき…15g
玉ネギ…中 1/2 個
人参…中 1/2 本
コーン缶（粒状）…適宜
塩…少々

A
ツナ缶（オイル）…小 1/2 缶（40g）
マヨネーズ…大さじ 1
すりごま…大さじ 1
塩・コショウ…各少々

recipe

①ひじきは水で戻しさっとゆで、沸騰したらざるにあげて冷ましておく。

②玉ネギ、人参はせん切りにし、塩少々をふってしんなりさせ、水気を切っておく。

③ボウルに A、①②、コーンを入れ混ぜ合わせる。

④器に③を盛り付ける。

〈材料 4人分〉
大根…5cm
人参…適宜
水菜…適宜
青菜…適宜

A 和風マヨネーズドレッシング
　マヨネーズ…大さじ 1
　すりごま…大さじ 1
　醤油…小さじ 1/2
　塩…少々

recipe

❶大根、人参はせん切りにし、水にさらした後、ざるにあげておく。水洗いした水菜は 3cm くらいに切る。
❷器に青菜をしき、よく水気を切った❶を盛り付ける。
❸ボウルに A を入れてよく混ぜ、小鉢に入れて❷に添える。

大根サラダ

1人分
61kcal

♪美味しいポイント♪
和風マヨネーズドレッシングは、食べる直前にかけてください。いろいろなサラダに応用できます。温野菜にも、生野菜にも合うドレッシングです。

キャベツのサラダ

1人分
74kcal

〈材料 4 人分〉
キャベツ…中 1/4 個

A からしマヨネーズ
　マヨネーズ…大さじ 1
　からし…小さじ 1
　塩・コショウ…各少々

recipe

①キャベツは芯を取り、食べやすい大きさに切る。芯は薄切りにして葉といっしょにさっとゆで、沸騰したらざるにあげて冷ます。
②ボウルに A を入れて混ぜ、さらに①を入れてさっと混ぜる。
③器に②を盛り付ける。好みで青味をのせてもよい。

♪美味しいポイント♪
マヨネーズにからしを入れるのが美味しさの秘密。ピリッとした辛さがキャベツとよく合い、箸がすすみます。

1人分
108kcal

サツマイモのサラダ

〈材料 4 人分〉
サツマイモ…中 1 本
レーズン（製菓コーナーなどにある半生タイプ）…適宜
マヨネーズ…大さじ 1
塩・コショウ…各少々

recipe

❶サツマイモはよく洗い、皮つきのまま 1cm 角のサイコロ状に切り、約 10 分ゆでる。
❷火が通ったらゆで汁を捨て、さらに中火にかけて水分をとばす。塩・コショウをふり、冷ます。
❸レーズンは 15 分くらい湯の中に入れて戻し、ざるにあげておく。
❹❷の鍋の中に❸とマヨネーズを入れ、さっと混ぜる。
❺器に❹を盛り付ける。

スパゲティサラダ

〈材料 4人分〉
スパゲティ…200g
玉ネギ…中 1/2 個
キュウリ…1/2 本
植物油…小さじ 1
塩・コショウ…各少々

A カレーマヨネーズ
　マヨネーズ…大さじ 1
　カレー粉…小さじ 1

recipe

❶スパゲティは半分に折ってゆで、ざるにあげて熱いうちに植物油、塩・コショウをふっておく。
❷玉ネギはせん切りにする。キュウリは薄く小口切りにし、塩をふり水気をしぼっておく。
❸ボウルに A、❶❷を入れ混ぜ合わせる。
❹器に❸を盛り付ける。

1人分
114kcal

♪バリエーション♪
マカロニでも同様に作れます。主菜のアクセントにぴったりです。

モヤシサラダ

1人分
51kcal

〈材料 4 人分〉

モヤシ…1 袋
キュウリ…1 本

A 和風山椒ドレッシング
　醤油…大さじ 1
　酢…大さじ 1
　ごま油…大さじ 1
　コショウ…少々
　山椒の粉…少々

recipe

❶モヤシはさっとゆでて、ざるにあげておく。
❷キュウリはせん切りにする。
❸器に軽く合わせた❶❷を盛り付ける。
❹ボウルに A を入れてよく混ぜ、小鉢に入れ❸に添える。

♪美味しいポイント♪

和風山椒ドレッシングは食べる直前にかけてください。山椒の粉を入れると香りがよく、味も引き締まって美味しいです。山椒はスーパーの香辛料売り場で売っています。芋以外のサラダなら何にでも合います。

リンゴとキャベツのサラダ

1人分
56kcal

〈材料 4 人分〉

リンゴ…中 1 個
キャベツ…中 1/4 個
キュウリ…1/2 本
ショウガ…1 かけ

A
　酢…大さじ 1
　鰹削り節パック…小袋 1（4g）
　塩…小さじ 1

recipe

❶リンゴはよく洗って皮つきのまま 4 等分し、薄く小口切りにする。
❷キャベツは芯を取り、はがした葉を切らずにさっとゆでる。
❸キュウリ、ショウガはせん切りにする。
❹ボウルにゆでたキャベツをしく。
❺❹の上に❶❸をのせ、A を 1/3 ふりかける。❹→❶→❸→A 1/3 と交互に 3 回重ねてラップをし、冷蔵庫で 1 晩ねかせる。

❻器にひっくり返してそのまま盛り付け、ケーキのように切る。パーティ料理に最適の一品に。

カボチャと牛肉の蒸し物

〈材料 4 人分〉
牛肉…200g
カボチャ…約 5mm の薄切り 8 枚

A
オイスターソース…大さじ 1
酒…大さじ 1
醤油…小さじ 1

recipe

❶ 4 つの深めの器（茶碗蒸し用容器、そばちょこなど）に、食べやすい大きさに切った牛肉とカボチャを均等に入れる。
❷ A をボウルに入れ、混ぜ合わせる。
❸ ❶に❷を均等に流し込む。
❹ 沸騰した蒸し器に入れ、弱火で 20 分ほど蒸す。

♪美味しいポイント♪
簡単でしかもボリュームもあり、来客時のもてなしに最適です。きれいな容器を使ってそのまま出せるのもうれしい一品です。

1人分 107kcal

1人分
58kcal

大根と桜海老の煮物

〈材料 4 人分〉

大根…10cm
だし汁…50cc
みりん…大さじ 1
醤油…大さじ 1
酒…大さじ 1
桜海老…大さじ 1

recipe

❶大根は皮をむいて半月形に切る。
❷小鍋にすべての材料を入れ、火が通るまでふたをして弱火で約 15 分煮る。
❸器に❷を盛り付ける。好みで青味をのせてもよい。

ジャガイモ小鉢 2 種

ジャガイモの2色和え

〈材料 4 人分〉
ジャガイモ…中 4 個
桜海老…大さじ 1
青のり…小さじ 1
昆布茶…小さじ 1
塩…小さじ 1/2

recipe

❶ジャガイモは皮をむいて 8 等分し、鍋にひたひたの水を入れてゆでる。火が通ったらゆで汁を捨て、水分をとばす。

❷❶の中に残りの材料を入れ、鍋をふって混ぜ合わせる。

1人分
95kcal

1人分
105kcal

ジャガイモの甘煮

〈材料 4 人分〉
ジャガイモ…中 4 個
塩…大さじ 1/2
砂糖…大さじ 1

recipe

❶ジャガイモは皮をむいて 8 等分に切る。

❷鍋に材料すべてを入れ、ひたひたの水を入れて 10 分ほど煮る。

♪美味しいポイント♪
ジャガイモが余ったときに作りたい小鉢 2 種です。だしなしでこんな美味しくできるなんて驚きですよ。

野菜と納豆の厚揚げ焼き

〈材料 4 人分〉
厚揚げ…2 枚
植物油…大さじ 1

A
納豆…適宜
オクラ（冷凍可）…適宜（小口切り）
ミョウガ…適宜（せん切り）
なめたけ（びん詰）…適宜

1 人分
81kcal

recipe

❶厚揚げは 8 等分に切り、フライパンに植物油を中火で熱し、両面焦げ目がつくまで焼く。

❷ボウルに A を入れ混ぜ合わせる。

❸❶を皿に盛り付け、❷をかける。

玉ネギのマリネ

1人分
112kcal

〈材料 4人分〉
玉ネギ…中2個
セロリ…1/2本

A
　酢…大さじ3
　植物油…大さじ1
　塩…小さじ1
　コショウ…少々
　レモン汁…小さじ1

recipe

❶玉ネギ、セロリはせん切りにする。
❷ボウルにAを入れ、混ぜ合わせる。
❸❷に❶を入れて混ぜる。冷蔵庫で1晩ねかせてできあがり。

♪バリエーション♪
そのままでも美味しいのですが、サーモン、魚・肉のから揚げ、ハムと合わせたり、レタス、トマト、キュウリ、キノコ類、カラーピーマンなどの上にのせても美味しいです。合わせるもので、ちょっとしたおもてなしに。

1人分
54kcal

切干大根のごま和え

〈材料 4 人分〉

切干大根…20g
人参…中 1/2 本
ショウガ…少々
ミョウガ…少々

A
すりごま…大さじ 1
黒ごま…小さじ 1
酢…大さじ 1
醤油…大さじ 1
ごま油…小さじ 1
塩…小さじ 1

recipe

❶切干大根は水で戻しさっとゆで、沸騰したらざるにあげて冷まし、かたくしぼっておく。
❷人参、ショウガ、ミョウガはせん切りにする。
❸ボウルに A を入れ、❶❷を加えて混ぜ合わせる。

♪バリエーション♪
塩を少し加えると、漬物の代わりにもなります。冷蔵庫で 1 週間くらい保存可能です。

素材を使い切る

★残り物をフル活用

種に加えて私がこだわっているのは、残飯をなくすことです。残り物を使いこなすというのも、専業主婦の経験の賜物かもしれません。

子どもたちが小さいころ、鯵の干物を1枚きれいに食べられなくて、ほぐしたものを集めると結構な量になりました。捨ててしまうのはもったいなくて、「ジャガイモと混ぜて、コロッケかハンバーグにしてみたらどうかな」と試したら、すごく美味しかったんです。いまでも、残り物を使ってレシピを考えるのは好きです。

★生ごみを減らす

だしをとった後の昆布を細かく刻んで大根と煮ると、美味しいですよ。煮干しも捨てずに冷凍しておき、ある程度たまったら、甘辛く炒め煮して、おやつにいただいています。また、煮干しや鰹節は、醤油・砂糖・みりんで煮れば佃煮に。冷蔵庫で3週間は保存OKです。

コロッケやトンカツのつけあわせに刻んだキャベツや人参も、余ったら味噌汁の具に使います。汁物にすると量も食べられるので、余った野菜は捨てずにリメイクしましょう。

同じ種で作ったおかずが少しずつ余ったら、合わせてもう一度火を通すと、新たな一品によみがえります。

こんな工夫をしているせいか、我が家の生ごみはとても少ないんですよ。毎日いかに残飯を減らすかを考えながら暮らすことは、とても大切なことだと思っています。

国産素材で、安心で ほっとするおかず

木もれびで使用する食材は、ほとんど生協から仕入れています。出所がはっきりしているものを選ぶと、お客様に安心して料理を提供できるからです。大根や人参を皮まで使い切るのも、安心できる食材だからこそ。野菜の安全性について、環境ジャーナリストの天笠啓祐さんに聞いてみました。

安心度 高

●国産の有機JASマークの野菜、それと同程度の生協や共同購入団体の野菜

●無農薬野菜あるいは最小限に農薬の使用を抑えた野菜

……………安心の境界線……………

●普通の国産の野菜

安心度 低　●輸入野菜、カット野菜など加工品

もっとも基準が厳しいのは有機栽培野菜。3年間にわたって農薬・化学肥料を使用していない田畑で栽培され、栽培中も農薬・化学肥料を使用せず、かつ遺伝子組み換え作物でなければ、有機JASマークはつけられません。無農薬野菜も自然の力を活かして育てた農産物ですが、無農薬はそのシーズンだけです。

農薬ではおもに殺虫剤と除草剤が問題になります。虫や草を殺すメカニズムは、基本的に生命体を殺すメカニズムですから、生命体である人間にとっても安全とはいえません。

キャベツや人参などを食べやすい大きさに切ったカット野菜は、スーパーなどでパック売りされています。これは「加工品」とみなされ、原産地の表示義務がないので、どこで栽培されたのかわからない輸入野菜が混ざっている場合が多いのです。輸入野菜の問題点は残留農薬が多いこと。また、長距離輸送する関係で熟す前に収穫するため、栄養価が低下するという問題もあります。

こうした野菜が使われている可能性が高いのは、市販の惣菜やファミリーレストランのメニュー、コンビニの弁当など。安い値段で提供できる裏には、農薬を使って手間をかけずに作った輸入野菜が使われている、と考えたほうがいいですね。

出所のはっきりした国産の野菜を購入し、自宅で調理するのが、一番安心です。作る過程を楽しみ、誰と、どんな食器で、どんな環境で食べるのかという食文化をもっと大切にしたいと思いませんか。

野菜の切り方

輪切り

大根など丸い野菜を切り口が丸くなるように切る。

半月切り

大根などを縦半分にし、切り口を下にして端から半月に切る。

イチョウ切り

人参など丸い野菜を縦に４つ割りして端から切る。

拍子木切り

４～５㎝の長さで１㎝角の棒状に切る。

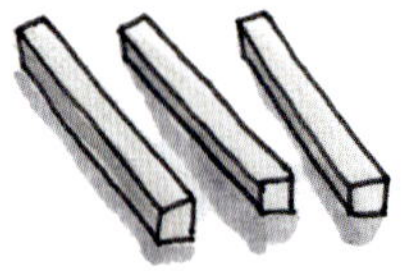

短冊切り

４～５㎝の長さで１～1.5㎝の幅、１～２㎜の厚さに切る。

さいの目切り

拍子木切りしたものを端から１㎝角くらいに切る。

ささがき

ゴボウなどを手に持って回しながら薄く斜めに削ぐ。

乱切り

人参など細長い野菜を回しながら切る。切り口はそろえない。

小口切り

キュウリやネギなど細いものを端から適当な薄さに切る。

斜め切り

キュウリやネギなどを斜めに包丁を入れて切る。

ぶつ切り

ゴボウやネギなどを小口から４㎝前後の長さにぶつぶつ切る。

くし形切り

玉ネギやトマトなどを縦半分に切って４～８等分する。

ごはん屋さんの野菜いっぱい和《なご》みレシピ

2007年5月15日●初版発行
2011年9月30日●5刷発行
著者●米原陽子
写真●永野佳世

発行者●大江正章
発行所●コモンズ
東京都新宿区下落合1-5-10-1002
TEL03-5386-6972 FAX03-5386-6945
振替 00110-5-400120

info@commonsonline.co.jp
http://www.commonsonline.co.jp/

企画・編集／高石洋子
印刷 / 東京創文社　製本 / 東京美術紙工
乱丁・落丁はお取り替えいたします。
ISBN 978-4-86187-033-0 C5077